도서관

우리 도서관의 이름을 써 봅시다.

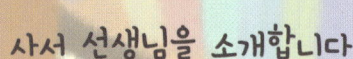 사서 선생님을 소개합니다

저는 사서 선생님이에요. 사서는 도서관의 자료를 관리하고 여러분이 도서관을 잘 활용할 수 있도록 도와줍니다. 그리고 우리 도서관에는 도서관 자료를 정리하고 도서관 이용 안내를 도와주시는 도서관 자원봉사자 분들이 계십니다.

도서관 자원봉사자 분들을 소개합니다.

"여러분, 반가워요."

도서관에 대해 알아보아요

도서관 하면 제일 먼저 어떤 이미지가 떠오르나요?
아래 그림 중에는 도서관과 관련 있는 것도 있고 거리가 먼 것도 있어요.
도서관을 표현한다고 생각하는 그림들을 골라 보세요.

도서관을 표현하는 그림을 골라 내가 생각하는 도서관은 어떤 곳인지 이야기해 보세요.

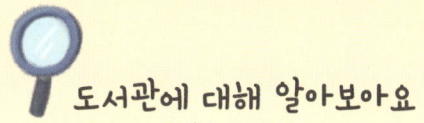 도서관에 대해 알아보아요

도서관은 어떤 곳일까요?

| 그림 **도** 圖 | 글 **서** 書 | 집 **관** 館 |

'도서관'이라는 낱말의 한자 뜻을 풀어 보면 '그림과 글·문장의 집'이라는 것을 알 수 있어요. 즉, 도서관은 책이나 영상 자료 같은 여러 종류의 자료를 누구나 볼 수 있게 모아둔 곳이지요.

우리 도서관 이름은 어떤 뜻일까요?

_____
_____
_____
_____

그렇다면 우리 도서관의 주인은 누구일까요?

_____

도서관에서 자주 쓰는 말

도서관에 오면 늘 보게 되는 물건들이 있어요. 처음엔 이름이 낯설겠지만 자주 쓰는 것들이라 금세 익숙해질 거예요.

대출증
책을 빌릴 때 사용하는 카드예요.

검색대
찾고 싶은 자료가 있을 때 검색하는 컴퓨터예요.

반납함
책을 가져다 놓을 때 사용하는 함이에요. 도서관 문이 닫혀 있을 때나 사서선생님이 안 계실 때 이용해요.

책수레
다 읽은 책을 올려 두거나 책을 정리할 때 사용해요.

서가
책을 꽂아두는 곳이에요.

다음은 도서관에서 자주 쓰이는 단어들이에요. 단어의 뜻을 찾아 선으로 연결해 보세요.

사서 선생님	책을 빌리는 것
대출	도서관을 운영하고 독서교육을 하는 선생님
반납	책을 늦게 가져오는 것
연체	책을 다 읽고 돌려주는 것
연장	책을 빌리는 기간을 늘리는 것

다음 그림을 보고 도서관을 올바르게 이용하지 않는 친구들에게는 △ 표시를 해보세요.

도서관에선 지켜야 할 예절이 있어요

우리 모두 지켜야 할 도서관 예절에는 무엇이 있을까요? 따라 써 봅시다.

사뿐사뿐 걸어요.

소곤소곤 이야기해요.

조용히 책을 읽어요.

음식물을 **먹지 않아요.**

책과 의자는 **제자리에** 정리해요.

자리를 모르는 책은 **책수레에** 두어요.

나의 다짐:

대출증 앞면

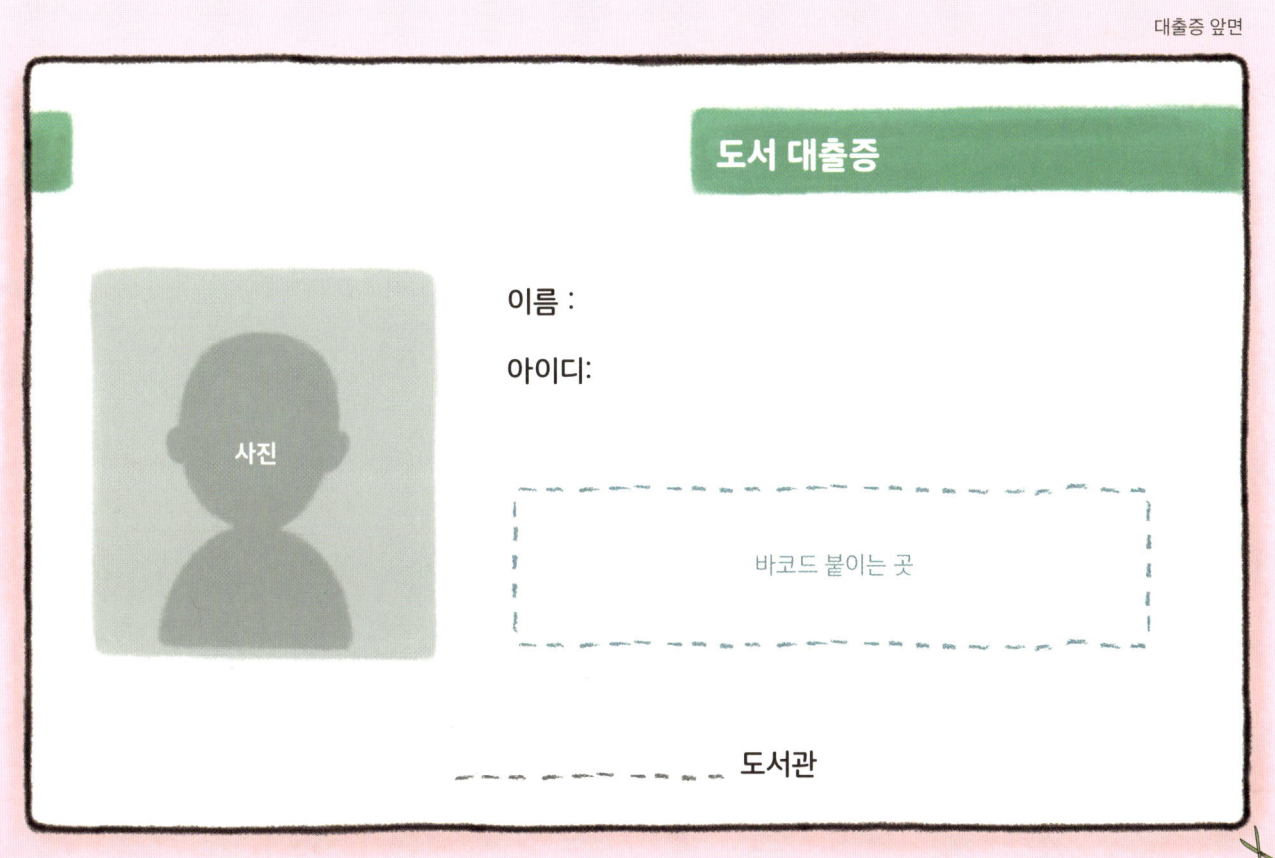

도서관 이용 규칙을 알아보아요

우리 도서관 이용 시간은 _____시 _____분 ~ _____시 _____분

한 사람이 빌릴 수 있는 책은 _____권

대출 기간은 _____일간 (대출 연장은 _____회 _____일간)

책을 늦게 반납하면? _____

대출증을 잃어버리면? _____

책을 잃어버리면? _____

대출증 뒷면

우리 도서관 이용 규칙 쓰기

대출·반납을 연습해요

이제 직접 대출과 반납을 해볼까요? 앞에서 꾸민 대출증으로 책을 빌린 다음, 반납하면서 선생님께 확인 도장을 받으세요. (※ 앞쪽에서 직접 꾸며 만든 대출증을 활용하세요.)

대출은 이렇게

1. 읽고 싶은 책을 찾는다.
2. 선생님께 대출증과 책을 함께 드린다.
3. 빌린 책과 대출증을 잘 챙겨 간다.

* 책을 빌릴 땐 대출증이 반드시 있어야 해요!

반납은 이렇게

1. 내가 빌린 책의 제목과 지은이를 옮겨 적는다.
2. 책을 반납하고 확인 도장을 받는다.

* 빌린 책을 반납할 땐 대출증이 없어도 돼요.

책 제목:	확인도장
지은이:	

책 제목:	확인도장
지은이:	

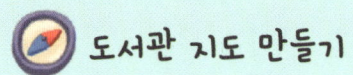 도서관 지도 만들기

우리 도서관이 어떻게 생겼고 어떤 물건들이 있는지 둘러보세요. 지도는 공간을 파악하는 데 큰 도움이 된답니다. 책 뒤쪽의 스티커를 이용해 우리 도서관의 지도를 완성해 보세요.
내가 좋아하는 책이 있는 곳을 발견하면 하트 스티커로 표시해 봅시다.

책에 대해 알아보아요

책을 만든 사람들은 누구일까요? 책표지를 보면 이 책을 만든 사람들을 알 수 있어요.

글을 쓴 사람 글쓴이, 저자라고도 해요. 이름 앞이나 뒤에 '글', '저', '지음'이라는 단어가 붙어 있어요.

그림을 그린 사람 이름 앞이나 뒤에 '그린이', '그림'이라는 단어가 붙어 있어요.

＊ 글쓴이와 그린이가 같을 때는 '글·그림' 또는 '지음'이라고 해요.

다른 나라 책을 한글로 바꾸어 준 사람 번역자라고도 해요. 이름 앞이나 뒤에 '옮긴이', '옮김', '역', '번역'이라는 단어가 붙어 있어요.

책을 펴낸 곳 책을 편집하고 인쇄하여 제작한 출판사 이름은 책표지 아래쪽에 쓰여 있어요.

책표지에서 책에 대한 정보를 찾아봅시다.

책 제목

글을 쓴 사람

그림을 그린 사람

출판사

책표지를 보고 어떠한 내용일지 상상하여 적어 보세요.

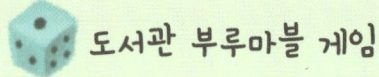 도서관 부루마블 게임

신나는 게임 시간이에요! 지금까지 배운 내용을 떠올리며 게임판의 미션을 해결해 보세요.

도서관 부루마블

준비물 게임판, 말, 주사위

방법

1. 지금까지 배운 도서관 이용방법 내용을 기억해 본다.
2. 출발칸에 말을 놓는다.
3. 주사위를 굴린다.
4. 나온 수만큼 말을 움직인 후 해당 칸의 미션을 해결한다.
5. 가장 빨리 도착한 개인 또는 모둠이 우승!

- 친구와 주사위 굴리기 큰 수에서 작은 수를 뺀 만큼 이동 (같은 수가 나오면 그 수만큼 이동)
- 도서관에 있을 때 전화가 오면 어떻게 해야 하나요?
- 도서관에서 음식물을 먹어도 된다. (맞으면 O, 틀리면 X)
- 책을 빌려갈 때 꼭 필요한 것은 무엇인가요?
-  한 칸 앞으로
- 도서관에서 빌린 책을 늦게 내는 것을 연출이라 한다. (맞으면 O, 틀리면 X)
- 우리 도서관에서 학생은 책을 몇 권 빌릴 수 있나요?
- 우리 도서관 800번대 주제의 색깔은 무엇인가요?
- 우리 도서관 이름은 무엇인가요?
- '도서관에서는 조용히' 어떻게 해야 된다는 말일까요?
- 도서관 밖으로 책을 빌리는 것을 무엇이라고 하나요?
- 옆 친구의 장점을 찾아 칭찬해 보세요.
-  뒤로 되돌아가기 주사위 숫자만큼 뒤로 이동
- 도서관에서 읽은 책의 제자리를 모를 때, 책을 올려 두는 물건의 이름이 무엇인가요?
- 사서 선생님을 사랑하는 마음을 온몸으로 표현해 보세요.
-  출발
-  도착

우리 도서관을 소개해요

**우리 도서관을 알리는 홍보지를 내 손으로 직접 만들어 보아요.
도서관 홍보에는 다음 내용이 꼭 들어가야 해요.**

☐ 도서관 이용 방법   ☐ 도서관 이용 예절   ☐ 도서관에서 할 수 있는 일

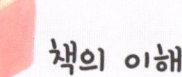 **책의 이해**

책에 대해 좀 더 알아봅시다. 머리, 팔 다리 등 우리 몸을 이루는 부분마다 이름이 있듯이 책을 이루는 부분에도 각각의 이름이 있어요.

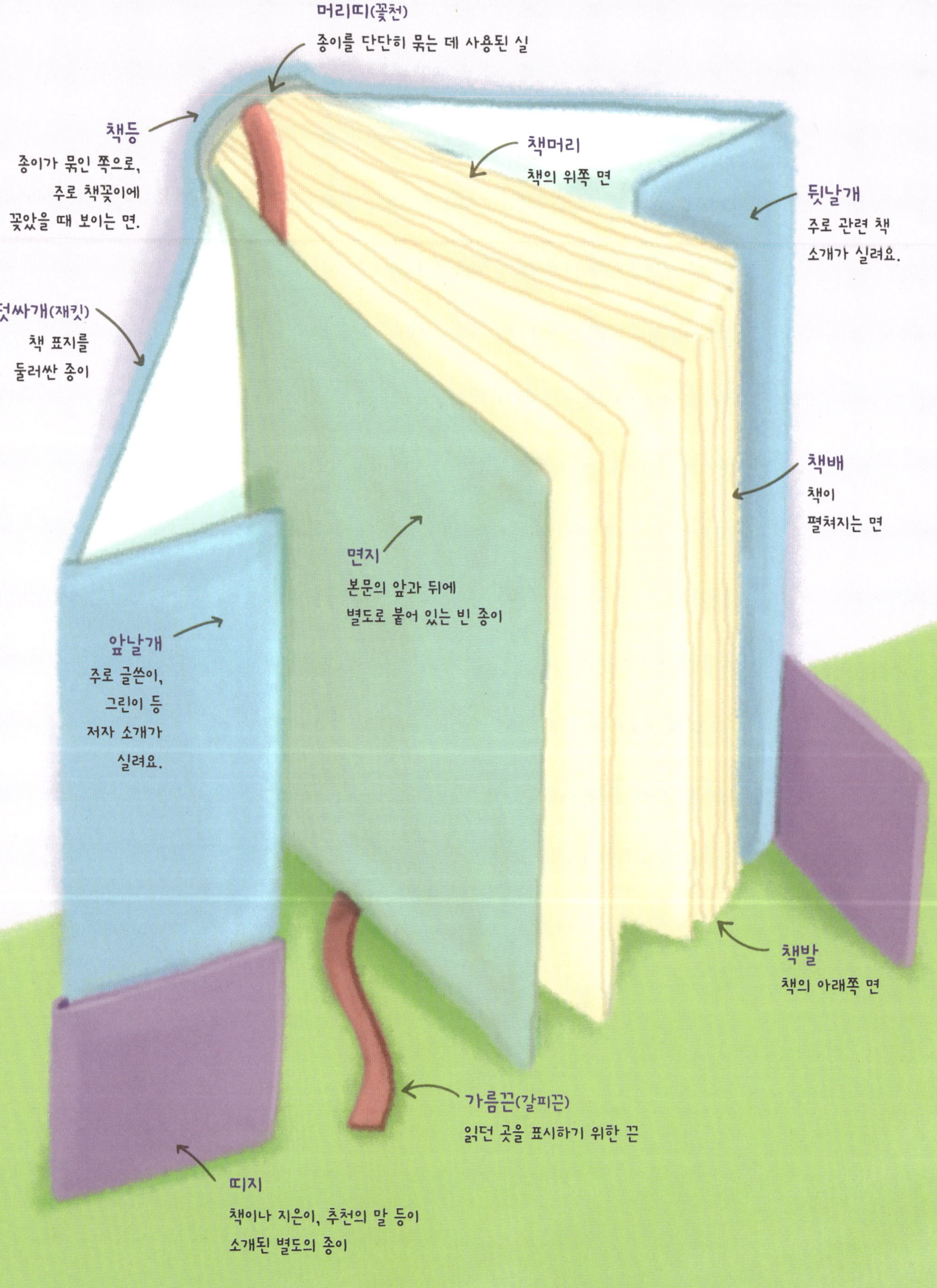

머리띠(꽃천) 종이를 단단히 묶는 데 사용된 실

책등 종이가 묶인 쪽으로, 주로 책꽂이에 꽂았을 때 보이는 면.

책머리 책의 위쪽 면

뒷날개 주로 관련 책 소개가 실려요.

덧싸개(재킷) 책 표지를 둘러싼 종이

책배 책이 펼쳐지는 면

면지 본문의 앞과 뒤에 별도로 붙어 있는 빈 종이

앞날개 주로 글쓴이, 그린이 등 저자 소개가 실려요.

책발 책의 아래쪽 면

가름끈(갈피끈) 읽던 곳을 표시하기 위한 끈

띠지 책이나 지은이, 추천의 말 등이 소개된 별도의 종이

책의 이해

실제 책이 어떤 구조로 이루어져 있는지 살펴볼까요?
내가 좋아하는 책을 보며 책표지와
책등의 내용을 옮겨 적어 보세요.

좋아하는 책을 소개하는 띠지를 만들어 봅시다.

띠지 만드는 방법

1. 띠지로 사용할 종이를 준비한다.
   - **가로 길이**: 앞표지 가로 길이+뒤표지 가로 길이+ 책등 가로 길이+10cm(책 안으로 접히는 부분)
   - **세로 길이**: 책의 세로 길이의 3분의 1을 넘지 않는 길이

2. 띠지 앞면과 뒷면에 핵심 내용, 작가 소개, 인상 깊은 문장 등 책을 읽고 싶은 마음이 들게 하는 홍보 문구 등을 나누어 적는다.

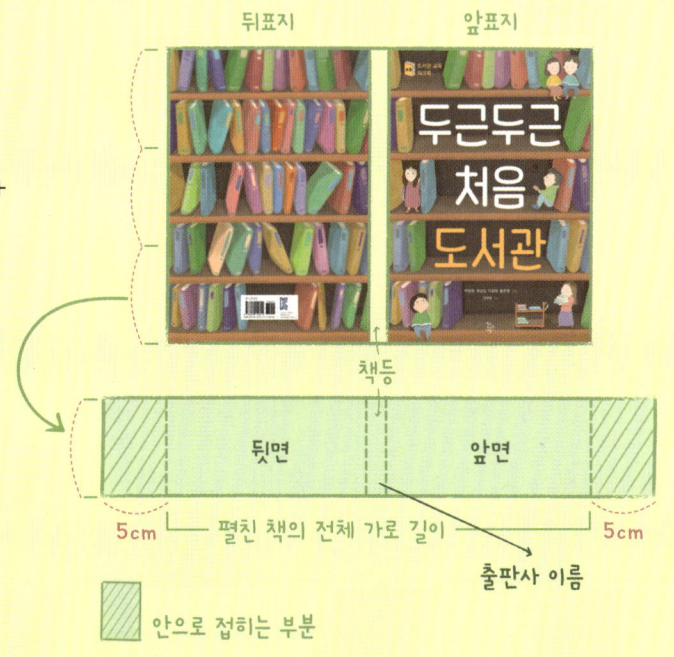

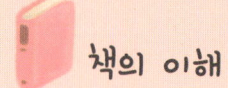
책의 이해

책에는 표제지와 판권지가 있어요. 표지를 넘기면 제목과 지은이, 출판사가 적힌 쪽이 나오는데 이것을 표제지라고 해요. 판권지는 책의 앞쪽이나 뒤쪽에 지은이, 책을 만든 사람들, 펴낸 날짜와 펴낸 곳, 주소 등을 기록해둔 곳이지요.

표제지 →

판권지 →

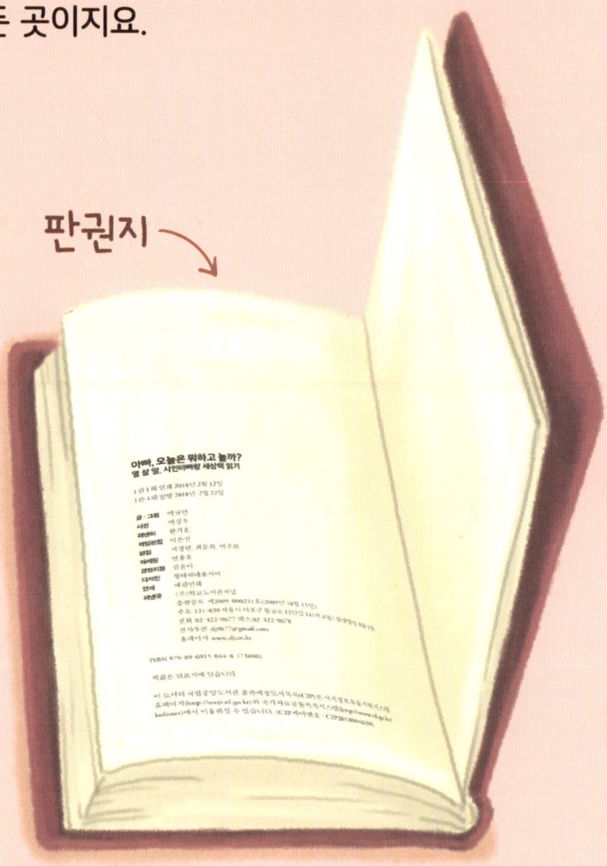

자, 그럼 실제 책의 판권지를 보며 아래의 빈 곳을 채워볼까요?

책 제목 _____

지은이 _____
글 _____
그림 _____

출판사 _____
펴낸곳 _____

책을 금방 찾을 수 있게 잘 정리해서 만든 기준을 '한국십진분류법'이라고 해요.
다음은 분류번호별로 주제와 내용을 정리한 표입니다. 우리 도서관에서 사용하는
분류번호의 색깔을 찾아 분류번호 칸을 색칠해 보세요.

십진분류표

분류번호	주제	내용
000	총류	백과사전, 전집, 총서, 컴퓨터프로그래밍
100	철학	생각과 관련된 학문, 논리학, 심리학, 윤리학
200	종교	여러 가지 종교, 신화
300	사회과학	경제, 법, 교육 관련, 우리 문화, 옛이야기
400	자연과학 (순수과학)	수학, 우주, 날씨, 식물, 동물
500	기술과학	우리 몸, 기계, 건축, 요리, 애완동물 기르기
600	예술	미술, 종이접기, 음악, 스포츠, 오락(놀이)
700	언어(어학)	여러 나라의 말(언어)
800	문학	동시, 동화, 여행기, 일기
900	역사, 지리	세계의 역사, 우리나라 역사, 위인, 지리

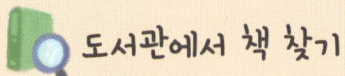 도서관에서 책 찾기

도서관의 책들을 보면 책등에 붙은 분류기호(청구기호)가 다 달라요.
나는 어떤 종류의 책을 좋아하나요?
내가 좋아하는 주제의 책을 찾아와 책등을 보고
분류번호를 따라 쓴 다음, 똑같은 색으로
분류번호를 색칠해 보세요.

* **청구기호**: 분류기호와 저자기호를 합쳐서 청구기호라고 합니다. 도서관에서 책을 찾으려면 청구기호를 알아야 해요.

분류 주제 이해하기

각 풍선의 내용을 보고 분류번호(대분류번호)는 몇 번일지 빈 칸에 적어보세요.

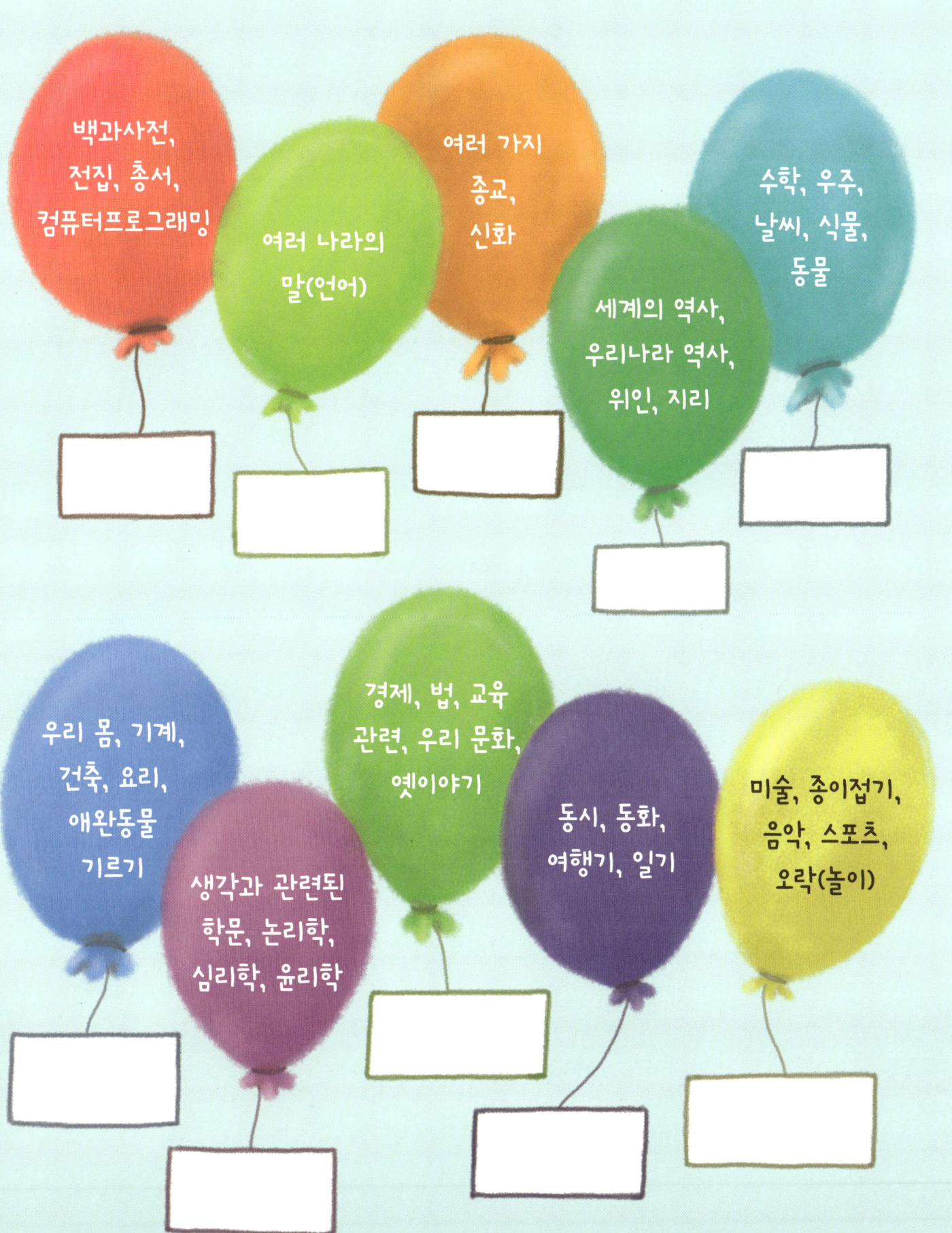

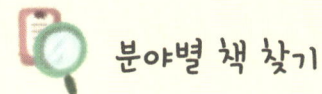

분야별 책 찾기

제목에 '고양이'가 나오는 책을 찾아보면, 정말 많은 책이 나와요. 각각 다른 주제에서 찾은 '고양이'는 어떻게 다를까요? 내가 읽고 싶은 책은 어느 분야에 있을까요?

- **000** 백과사전 속의 고양이 — 고양이 백과사전
- **300** 사회과학 속의 고양이 — 개와 고양이
- **400** 자연과학 속의 고양이 — 야생고양이는 왜 고향으로 돌아올까?
- **500** 기술과학 속의 고양이 — 쉽게 배우는 고양이 키우기
- **600** 예술 속의 고양이 — 고양이네 미술관
- **800** 문학 속의 고양이 — 장화 신은 고양이
- **900** 역사 속의 고양이 — 개와 고양이에 관한 작은 세계사

책을 읽을 땐, 읽기 목적에 따라 내가 찾는 책이 맞는지 확인해서 골라야 해요.
같은 키워드(낱말/단어)라도 다른 주제의 내용을 가지고 있기 때문이랍니다.
이야기 책을 읽고 싶을 땐 문학을, 정보를 찾고 싶을 때는 비문학을 선택해야 해요.

문학
시, 소설, 수필, 희곡 등 사람의 생각이나 느낌을 예술적으로 나타낸 말이나 글

비문학
문학 이외의 정보전달을 목적으로 하는 글이나 설득을 목적으로 하는 글

문학과 비문학 구분해 보기

문학책과 비문학책을 구분해 볼까요? 비문학인 책에 ○표시를 해 보세요.
책등에는 어떤 주제의 책인지 추측해서 000~900 중의 분류번호를 써 보세요.

나는 개다
백희나 글·그림

내 강아지 마음 상담소
강형욱 지음

로봇 강아지 딩코를 코딩하라
김희남 글

강아지 복실이
한미호 글

특별한 강아지 옷 만들기
유아연 지음

강아지가 좋아하는 손 마사지
왕페이셴 지음

개와 고양이에 관한 작은 세계사
이주은 지음

신발 신은 강아지
고상미 글·그림

강아지 시험
이묘신 글

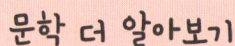 문학 더 알아보기

문학(옛이야기(300), 동화(800))에 속해 있는 그림책을 읽고 소개하는 글을 써 보세요.

이야기 책(문학 800, 옛이야기 300)을 읽고 표현해 보세요.

책 제목 : _____

지은이 : _____   출판사 : _____

등장인물은 누구인가요?
_____

등장인물에게 어떤 일이 생겼나요?
_____
_____
_____

그림으로 표현해 보세요.

비문학 더 알아보기

비문학(옛이야기(300), 동화(800) 제외)에 속해 있는 책을 읽고 알게 된 내용을 써 보세요.

책으로 알게 된 정보(사실)를 써 보세요.

책 제목 : _____

지은이 : _____ 출판사 : _____

무엇에 대해 알려주는 책인가요?
_____

새롭게 알게 된 사실(정보)을 써 보세요.
_____
_____
_____

그림으로 표현해 보세요.

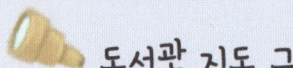 도서관 지도 그리기

우리 도서관에는 수많은 보물들이 숨겨져 있습니다.
보물을 찾을 수 있는 보물지도를 만들어 봅시다.

청구기호가 무엇인지 알아볼까요?
청구기호는 책의 주소와도 같아요. 주소를 알면 집을 찾기 쉽듯이 청구기호를 알면 책을 찾는 게 훨씬 쉬워요.

『도서관 생쥐 3』
(다니엘 커크 글·그림, 박선주 옮김, 문학동네)
청구기호 예시 자료

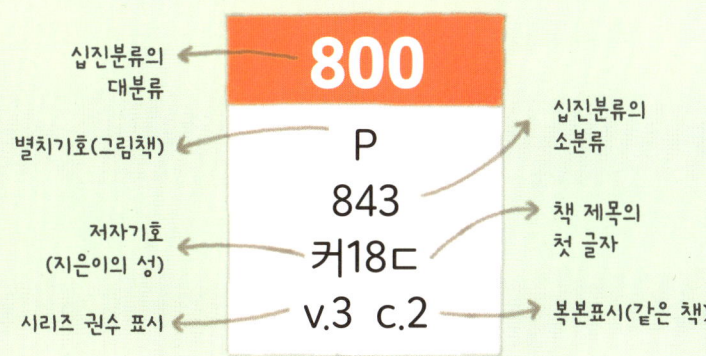

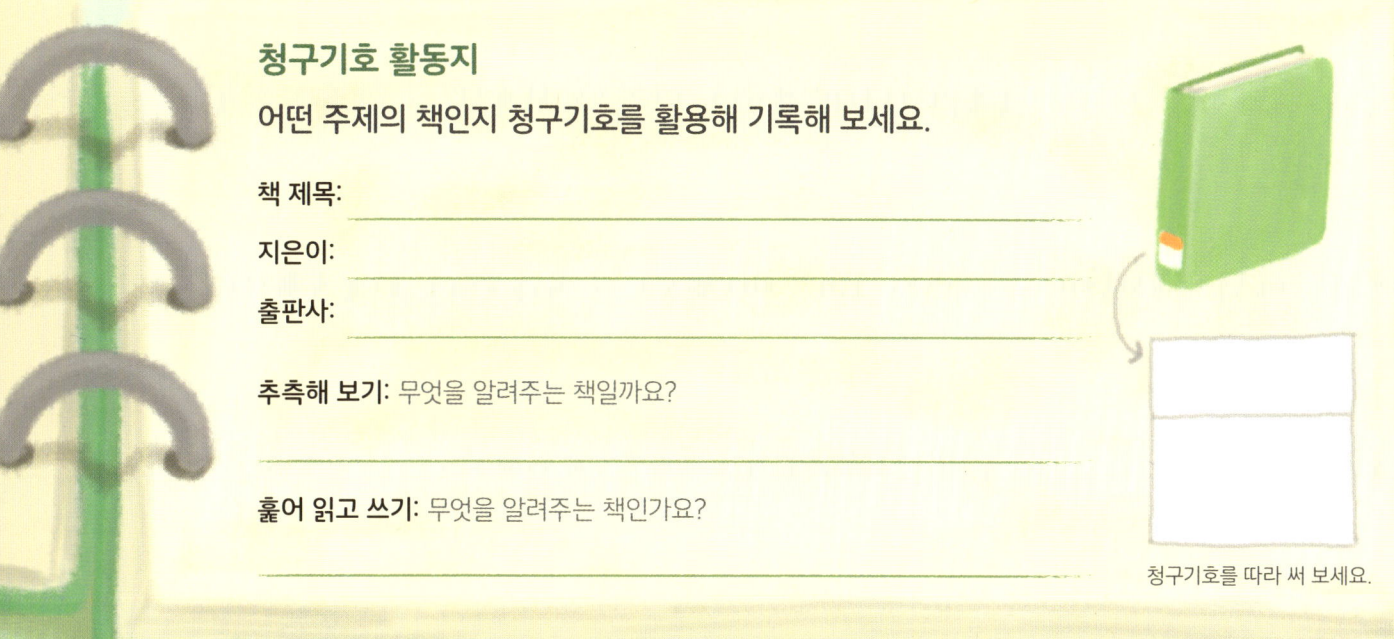

청구기호 활동지

어떤 주제의 책인지 청구기호를 활용해 기록해 보세요.

책 제목:

지은이:

출판사:

추측해 보기: 무엇을 알려주는 책일까요?

훑어 읽고 쓰기: 무엇을 알려주는 책인가요?

청구기호를 따라 써 보세요.

책 찾는 방법을 알았으니 이제 본격적인 조사 활동을 해 볼까요?

단계별 조사활동지

1단계: 내가 조사해야 할 주제는 무엇인가요?

2단계: 어떤 검색어를 사용하면 좋을까요?   (십진분류:)

3단계: 내가 찾은 책의 정보를 써 보세요.

책 제목:

지은이: 출판사:

4단계: 알게 된 내용(정보)을 써 보세요.

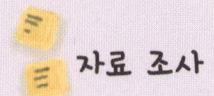 자료 조사

계절별로 볼 수 있는 동식물을 조사해 볼까요? 조사한 동식물이 그 계절에 볼 수 있는 동식물이 맞는지 확인하며 조사하세요. 내가 조사할 주제가 무엇인지 ○로 표시해 보세요.
(   )에는 조사한 계절을 씁니다.

| 봄꽃 | 여름 식물 | 여름 동물 | 가을 열매 | 겨울 눈 |

(   )에 발견한 동식물

특징에는 동식물을 볼 수 있는 시기(월, 계절), 모양, 색깔 등 책에서 알게 된 내용을 쓰세요.

동식물 이름 : _____

✏ 그림으로 표현하기

특징을 찾아 기록해 보세요
_____
_____
_____

동식물 이름 : _____

✏ 그림으로 표현하기

특징을 찾아 기록해 보세요
_____
_____
_____

조사한 책 정보

책제목: _____
지은이: _____
출판사: _____ 페이지: _____

청구 기호 베껴 쓰기

자료 조사

세계 여러 나라의 문화를 조사해 봅시다.
국기, 생활 모습(음식, 집, 옷), 인사말, 놀이 등 그 나라에 관해 어떤 것을 알고 싶나요?

세계 여러 나라 문화

◆에는 음식, 집, 전통의상, 인사말, 놀이 등 조사한 내용의 제목을 쓰고 ▶에는 책에서 알게 된 내용을 쓰세요.

내가 조사하는 나라는 어디인가요?

국기를 그려 보세요

◆

▶

◆ 국기의 색깔과 문양의 의미를 써 보세요.

▶

◆

▶

조사한 책 정보

책 제목:

지은이:

출판사: 페이지:

청구 기호 베껴 쓰기

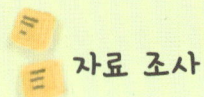 자료 조사

내가 조사하고 싶은 주제를 스스로 정해 조사활동을 해 보세요.
조사하고 싶은 주제를 선택해 O 표시해 보세요.

| 안전 | 직업 | 다문화 | 독도 | 환경 |

나의 지식 탐구 보고서

무엇에 대해 알려주나요?(주제)

알게 된 내용 쓰기

알게 된 것(이름)	설명(특징을 2-3가지 찾아 써 보세요)	그림으로 표현해 보세요

독서 퀴즈 만들기(친구들과 함께 퀴즈 맞히기를 해 보세요)

퀴즈 문제	정답
1.	
2.	
3.	

더 알고 싶은 것 써 보기

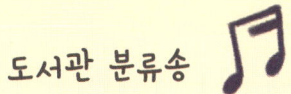 도서관 분류송

도서관 십진분류표를 노래로 외워 볼까요? 「독도는 우리 땅」 노래에 맞춰 불러 보세요.

(1)

한국십진분류표 알아두면 편리해 우리 모두 다함께 외워봅시다

000은 총~류 100은 철~학 편리한 KDC

200은 종~교 300 사회과학 400 자연과학 반이나 외웠네

500은 기술과학 600은 예~술 편리한 KDC

700 언~어 800 문~학 900 역~사 지리도 있지

도서관 책들~의 비밀을 알게 된~ 나는야 독서~왕

(2)

필요한 책~을 찾~고 싶다면 한국십진분류표 기억해야 해

도서관에 갈 때마다 우릴 도와 줄거야 다~함께 외워보자

000 총~류 100 철~학 200 종교 신화도 있지

300 사회과학 400 자연과학 500 기술과학 (요리짱)

600 예~술 700 언~어 800 문~학 동시도 있지

900 역~사 지리 위~인 십진분류 다 외웠네 (KDC)

도서관 이용에 대해 잘 배웠나요? 잘 배운 나에게 수료증을 주세요.

수료증

학년   반

위 학생은 도서관 이용 수업을 잘 배웠기에

이 수료증을 드립니다. **훌륭한 독서왕**이 되길 바랍니다.

년   월   일

도서관

독서 기록

내가 읽은 책

읽은 날	책 제목	지은이	나만의 별점 ☆☆☆

또 보고싶어요 ☆☆☆ | 잘 봤어요 ☆☆ | 보통이에요 ☆

도서관 지도 만들기